Ammenmärchen europäischer Völker

AMMENMÄRCHEN

europäischer Völker
von *Liane Keller*
mit Bildern
von *Charlotte Raab-Arndt*

J.Ch. Mellinger Verlag GmbH Stuttgart

7. überarbeitete Auflage 2014
© 1981 J. Ch. Mellinger Verlag GmbH, Stuttgart
Alle Rechte vorbehalten
ISBN 978-3-88069-077-6
www.mellingerverlag.de

Inhalt

Vom Entlein, das in die Welt gehen wollte	*Siebenbürgen*	7
Vom Pfannkuchen	*Norwegen*	10
Von der Katze, die so viel fressen konnte	*Norwegen*	16
Fuchs Kratzefuß und die drei Bären im Walde	*England*	24
Der andere Pfannkuchen	*Russland*	29
Tittymaus und Tattymaus	*England*	33
Die drei Lämmchen	*Norwegen*	37
Das furchtsame Hühnchen	*Siebenbürgen*	41
Das unfolgsame Wölfchen	*Lettland*	44
Klein Flöhchen und Klein Läuschen	*Frankreich*	48
Wie die Tiere nach Sankt Nimmerlein gingen	*Norwegen*	52
Läuschen und Flöhchen	*Deutschland*	58
Die starke Maus	*Russland*	62
Die drei Hühnchen	*Frankreich*	65
Robin-Rotbrust	*Schottland*	70
Ein Geschichtchen	*Russland*	73
Das hohe Schloss	*Russland*	76
Das schöne Kathrinchen und Pif Paf Poltrie	*Norddeutschland*	80
Vom Schweinchen, das nicht über den Zaun sprang	*England*	84

Vom Entlein, das in die Welt gehen wollte

Es war einmal ein Entlein, das wollte in die Welt gehen.
Kam der Frosch Hutzelbein und fragte:
„Wohin, Entelein?"
„In die Welt hinein", sagte das Entelein.
„Darf ich mit, Entelein?"
„Sitz auf mein Schwänzelein!" sprach das Entelein.
Hutzelbein setzte sich auf das Schwänzelein, und sie gingen fort.
Kam der Mühlstein und fragte:
„Wohin, Entelein, Hutzelbein?"
„In die Welt hinein", sagten Entelein und Hutzelbein.
„Darf ich mit, Entelein, Hutzelbein?"
„Sitz auf mein Schwänzelein!" sprach Hutzelbein.
Der dicke Mühlstein saß auf, und es ging fort.
Kam die Kohle mit den roten Wänglein daher und fragte:
„Wohin, Entelein, Hutzelbein, dicker Mühlstein?"
„In die Welt hinein!" riefen Entelein, Hutzelbein, der dicke Mühlstein.
„Darf ich mit, Entelein, Hutzelbein, dicker Mühlstein?" fragte das rote Kohlelein.
„Sitz auf mein Schwänzelein", sprach der dicke Mühlstein.
Da setzte sich das Kohlelein auf den Mühlstein und war sehr froh, dass es die Welt sehen sollte.
Sie gingen und gingen, bis sie zu einem Bach kamen.

Das Entelein schwamm hinein, und als es in der Mitte war, rief es:

„Haltet euch fest, ich will einmal untertauchen und ein Würmlein schnappen." Und es tauchte unter.

Aber oh weh, nun war es um den dicken Mühlstein und um das rote Kohlelein geschehen!

„Platsch!" machte der Mühlstein und sank hinab auf den Grund.

„Zisch", tat das Kohlelein, verlor seine roten Wänglein und wurde schwarz.

„Quack!" sagte Frosch Hutzelbein und ruderte ans andere Ufer. Dort erwartete ihn das Entelein. Nun lachten sie sich die Bäuchlein voll. Und so lachen sie fort bis auf den heutigen Tag.

Die Menschen aber, die diese Geschichte nicht wissen, sagen:

„Sie schnattern und quaken."

Siebenbürgisch-schwäbisches Volksmärchen

Vom Pfannkuchen

Es war einmal eine Mutter, die hatte sieben allezeit hungrige Kinder. Einmal wollte sie ihnen eine Freude machen und Pfannkuchen backen. Sie nahm Milch und Mehl, Eier und Salz, rührte den Teig ab und goss ihn in die Schmalzpfanne.

Der Pfannkuchen ging auf, wurde dick und behäbig, dass es eine Freude war ihn anzuschauen.

Die sieben Kinder und der Großvater warteten schon sehr auf den Pfannkuchen. „Gib mir doch ein bisschen Pfannkuchen, Mutter", sagte das erste Kind, „ich habe Hunger!"

„Liebe Mutter", sagte das zweite,

„liebe, schöne Mutter", sagte das dritte,

„liebe, schöne, gute Mutter", sagte das vierte,

„liebe, schöne, gute, beste Mutter", sagte das fünfte,

„liebe, schöne, gute, beste, liebste Mutter", sagte das sechste,

„liebe, schöne, gute, beste, liebste, süße Mutter", sagte das siebente Kind. Und so baten sie alle um Pfannkuchen, eines schöner als das andere, denn sie waren sehr hungrig.

„Ja, Kinder, wartet nur bis er sich umdreht", sagte die Mutter – bis ich ihn umgedreht habe – hätte sie sagen sollen –, „dann bekommt ihr alle Pfannkuchen, schönen Eiermilchkuchen. Seht nur, wie dick und behäbig er daliegt."

Als der Pfannkuchen das hörte, erschrak er, drehte sich

plötzlich um und wollte aus der Pfanne springen. Aber er fiel nur auf die andere Seite. Und als diese ein wenig gebacken war, sich fest anfühlte und eine schöne Farbe bekam, hüpfte er auf den Fußboden und rollte davon wie ein Rad, zur Tür hinaus und die Straße entlang.

Holla! Die Mutter hinterher mit der Pfanne in der Hand und dem Kochlöffel in der anderen, so schnell sie konnte und die Kinder alle sieben und zuletzt der alte Großvater mit dem Stock.

„Willst du wohl warten! Halt, pack ihn! Fass ihn!" schrien sie durcheinander, wollten ihn einfangen, aber der Pfannkuchen rollte weiter und kam ihnen so weit voran, dass sie ihn nicht mehr sehen konnten. Denn er hatte flinkere Beine als alle mitsammen.

Da traf er eine Henne. „Guten Tag, Pfannkuchen", sagte sie.

„Guten Tag, Henne Widewenne", sagte der Pfannkuchen.

„Lieber, guter Pfannkuchen, roll nicht so schnell! Warte ein wenig, ich will dich fressen", gackerte die Henne.

„Hinter mir ist schon die Mutter geblieben
und der Schreihälse sieben,
der alte Großvater auch,
und so komme ich dir wohl auch noch aus",
sagte der Pfannkuchen und rollte wie ein Rad weiter. Bald traf er einen Hahn.

„Guten Tag, Pfannkuchen", sagte der Hahn.

„Guten Tag, Hahn Kradahn", sagte der Pfannkuchen.

„Lieber, guter Pfannkuchen, wart ein wenig, roll nicht so schnell, ich will dich fressen", rief der Hahn.

„Hinter mir ist schon die Mutter geblieben
und der Schreihälse sieben,
der alte Großvater auch

und Henne Widewenne,
so komme ich dir wohl auch aus",
sagte der Pfannkuchen und rollte und rollte so schnell er konnte weiter. Bald begegnete er einer Ente.
„Guten Tag, Pfannkuchen", sagte sie.
„Guten Tag, Ente Lawente", sagte der Pfannkuchen.
„Lieber, guter Pfannkuchen, roll nicht so schnell, wart ein wenig, ich will dich fressen", sagte die Ente.
„Hinter mir ist schon die Mutter geblieben
und der Schreihälse sieben,
der alte Großvater auch
und Henne Widewenne,
auch Hahn Kradahn,
und dir sollte ich nicht entkommen?"
Der Pfannkuchen rollte weiter, so schnell er konnte.
Als er eine lange Zeit gerollt war, traf er eine Gans.
„Guten Tag, Pfannkuchen", sagte die Gans.
„Guten Tag, Gans Wackelschwanz", sagte der Pfannkuchen.
„Lieber, guter Pfannkuchen, roll nicht so schnell, wart ein wenig, ich will dich fressen", sagte die Gans.
„Hinter mir ist schon die Mutter geblieben
und der Schreihälse sieben,
der alte Großvater auch
und Henne Widewenne,
der Hahn Kradahn,
die Ente Lawente,
so werde ich dir auch noch auskommen",
sagte der Pfannkuchen und rollte weiter.
Kam der Gänserich des Weges.
„Guten Tag, Pfannkuchen", sagte der Gänserich.
„Guten Tag, Gänserich Watschenserich", sagte der Pfannkuchen.

„Lieber, guter Pfannkuchen, roll nicht so schnell, warte ein wenig, ich will dich auffressen", sagte der Gänserich.

„Hinter mir ist schon die Mutter geblieben
und der Schreihälse sieben,
der alte Großvater auch,
die Henne Widewenne,
Hahn Kradahn,
Ente Lawente
und Gans Wackelschwanz,
so werde ich dir auch entkommen",
sagte der Pfannkuchen und rollte munter davon.

Nach einer Weile traf er ein Schwein.

„Guten Tag, Pfannkuchen", sagte es.

„Guten Tag, Schwein Schmierulein", sagte der Pfannkuchen und rollte weiter.

„Nein, wart ein wenig!" rief das Schwein. „Du brauchst dich nicht so zu beeilen. Wir zwei können gemächlich miteinander durch den Wald gehen. Dort soll es nicht geheuer sein."

Dem Pfannkuchen wurde angst und bang, und er ging mit dem Schwein. Bald kamen sie zu einem Bach. Das Schwein konnte schwimmen und ging gleich ins Wasser. Der Pfannkuchen wusste nicht, wie er hinüberkommen sollte.

„Setz dich auf meinen Rüssel, ich trage dich hinüber", sagte das Schwein.

Der Pfannkuchen setzte sich auf den Rüssel. Da machte das Schwein: „Nuff, nuff!", und verschluckte mit einem Happs den dicken, behäbigen Pfannkuchen.

„Nuff, nuff", grunzte das Schwein, „das war ein guter Brocken!"

Norwegisches Volksmärchen

Von der Katze,
die so viel fressen konnte

Es war einmal eine Katze, die war immerzu hungrig.
 Sie konnte so viel fressen, dass der Bauer sagte:
 „Die Katze muss weg! Sie frisst uns arm!"
 Die Frau gab ihr noch zu fressen, eine Schüssel Grütze und ein Töpfchen Butter. Danach sprang die Katze zum Fenster hinaus auf die Tenne. Dort war der Bauer und drosch Korn.
 „Guten Tag, Mann im Haus!"
 „Guten Tag, Katze, hast du heute schon gefressen?"
 „Nur ein wenig:
 eine Schüssel Grütze,
 ein Töpfchen Butter.
Ich bin noch hungrig und werde dich verschlucken!" Sie tat es.
 Nun lief die Katze in den Stall. Die Frau melkte.
 „Guten Tag, Frau im Stall."
 „Guten Tag, Katze, hast du heute schon gefressen?"
 „Nur ein wenig:
 eine Schüssel Grütze,
 ein Töpfchen Butter,
 den Mann im Haus.
Nun überlege ich, ob ich dich nicht auch fressen soll."
 Sie tat es. Dann ging sie zu der Kuh und sagte:
 „Guten Tag, Kuh an der Krippe."
 „Guten Tag, Katze, hast du heute schon gefressen?"

„Nur ein wenig:
    eine Schüssel Grütze,
    ein Töpfchen Butter,
    den Mann im Haus,
    die Frau im Stall,
und ich überlege, ob ich dich nicht auch fressen soll."

Sie tat es. Dann sprang die Katze in den Garten und sah einen Mann.

„Guten Tag, Laubmann."

„Guten Tag, Katze, hast du heute schon gefressen?"

„Nur ein wenig:
    eine Schüssel Grütze,
    ein Töpfchen Butter,
    den Mann im Haus,
    die Frau im Stall,
    die Kuh an der Krippe,
nun will ich dich auch noch fressen."

Sie tat es und lief auf das Feld. Dort lag ein Wiesel auf einem Stein.

„Guten Tag, Wiesel auf dem Stein."

„Guten Tag, Katze, hast du heute schon gefressen?"

„Nur ein wenig:
    eine Schüssel Grütze,
    ein Töpfchen Butter,
    den Mann im Haus,
    die Frau im Stall,
    die Kuh an der Krippe,
    den Laubmann im Garten.
Ich werde dich auch noch fressen." Und sie verschluckte das Wiesel.

Im Wald traf sie das Eichhörnchen.

„Guten Tag, Eichhorn im Busch."

„Guten Tag, Katze, hast du heute schon gefressen?"

„Nur ein wenig:
eine Schüssel Grütze,
ein Töpfchen Butter,
den Mann im Haus,
die Frau im Stall,
die Kuh an der Krippe,
den Laubmann im Garten,
das Wiesel auf dem Stein.
Nun will ich dich auch noch fressen." Und sie tat es.
Die Katze lief weiter und begegnete dem Fuchs.
„Guten Tag, Fuchs Rotschwanz."
„Guten Tag, Katze, hast du heute schon gefressen?"
„Nur ein wenig:
eine Schüssel Grütze,
ein Töpfchen Butter,
den Mann im Haus,
die Frau im Stall,
die Kuh an der Krippe,
den Laubmann im Garten,
das Wiesel auf dem Stein,
das Eichhorn im Busch.
Ich bin aber noch hungrig und werde dich auch fressen."
Sie verschluckte den Fuchs und lief weiter. Bald sah sie ein Häschen.
„Guten Tag, Hase Hoppelbein!"
„Guten Tag, Katze, hast du heute schon gefressen?"
„Nur ein wenig:
eine Schüssel Grütze,
ein Töpfchen Butter,
den Mann im Haus,
die Frau im Stall,
die Kuh an der Krippe,
den Laubmann im Garten,

      das Wiesel auf dem Stein,
      das Eichhorn im Busch,
      den Fuchs Rotschwanz.
Nun denke ich nach, ob ich dich nicht auch fressen soll."
Und sie verschluckte den Hasen.

Als die Katze so weiter lief, begegneten ihr noch andere Tiere: der Wolf Reißzahn, der Bär Brummelpetz, der Dachs aus der Höhle. Zuletzt sah sie den Mond über dem Berg aufgehen, lief hinauf und rief:

   „Guten Tag, Mondgesicht."
   „Guten Tag, Katze, hast du heute schon gefressen?"
      „Nur ein wenig:
      eine Schüssel Grütze,
      ein Töpfchen Butter,
      den Mann im Haus,
      die Frau im Stall,
      die Kuh an der Krippe,
      den Laubmann im Garten,
      das Wiesel auf dem Stein,
      das Eichhorn im Busch,
      den Fuchs Rotschwanz,
      den Hasen Hoppelbein,
      den Wolf Reißzahn,
      den Bär Brummelpetz,
      den Dachs aus der Höhle.
Nun werde ich dich auch noch fressen." Und sie verschlang das Mondgesicht.

Dann lief die Katze weiter und in den Himmel hinein zur Sonne.

   „Guten Tag, Sonne mit der Krone."
   „Guten Tag, Katze, hast du heute schon gefressen?"
      „Nur ein wenig:
      eine Schüssel Grütze,

ein Töpfchen Butter,
den Mann im Haus,
die Frau im Stall,
die Kuh an der Krippe,
den Laubmann im Garten,
das Wiesel auf dem Stein,
das Eichhorn im Busch,
den Fuchs Rotschwanz,
den Hasen Hoppelbein,
den Wolf Reißzahn,
den Bär Brummelpetz,
den Dachs aus der Höhle,
den Mond mit dem Gesicht.

Nun will ich dich auch noch fressen." Die Katze verschluckte die Sonne und lief zur Erde zurück. Auf ihrem Weg kam sie zu einer Brücke. Dort stand ein Ziegenbock. Der wich nicht aus.

„Guten Tag, Ziegenbock!"

„Guten Tag, Katze, hast du heute schon gefressen?"

Die Katze zählte auf, was sie gefressen hatte, zuletzt die Sonne mit der Krone, und sagte: „Aber nun will ich dich auch fressen."

„Das versuche nur", meckerte der Ziegenbock, senkte den Kopf und stieß mit den Hörnern gegen die Katze, dass sie über die Brücke ins Wasser plumpste und mitten entzweisprang.

Da kamen alle hervor, die sie verschluckt hatte:
die Schüssel mit der Grütze,
das Töpfchen Butter,
der Mann im Haus,
die Frau im Stall,
die Kuh an der Krippe,
der Laubmann im Garten,

das Wiesel auf dem Stein,
das Eichhorn im Busch,
der Fuchs Rotschwanz,
der Hase Hoppelbein,
der Wolf Reißzahn,
der Bär Brummelpetz,
der Dachs aus der Höhle,
der Mond mit dem Gesicht,
die Sonne mit der Krone,
und sie schien hell im ganzen Land. Unter allen war große Freude, dass es mit der Katze endlich aus war.

Norwegisches Volksmärchen

Fuchs Kratzefuß
und die drei Bären im Walde

In einem verfallenen Schloss tief im Walde wohnten drei Bären: Vater, Mutter, Kind.

Hinter dem Schloss in einem Loch lebte Fuchs Kratzefuß. Auch er hätte gern in dem Schloss gewohnt.

„Was für ein prächtiges Haus", sagte er zu sich. „Drinnen wird es noch schöner sein. Ich möcht' mich nur umsehen und sonst nichts weiter."

Als die drei Bären an einem Morgen auf die Beerensuche gingen, schlich der Fuchs zu dem Schloss, öffnete das Tor, streckte die linke Pfote hinein, dann die rechte … Und als sich nichts rührte, sprang er in den Hof und von dort in einen großen Saal.

In dem Saal war ein riesiger Tisch und davor drei Stühle: ein Großvaterstuhl, ein Armlehnsessel und ein Stühlchen mit einem weichen Kissen.

Auf dem Tisch standen drei Schüsseln. Sie waren aber zugedeckt. Vor dem Großvaterstuhl war die größte Schüssel, vor dem Lehnsessel eine etwas kleinere und vor dem Stühlchen eine niedliche, kleine.

„Sehr schön", sagte sich der Fuchs und setzte sich in den Großvaterstuhl. Dieser war wie aus Stein. „Zu hart", dachte sich Kratzefuß und setzte sich in den Lehnsessel. „Nicht viel besser", dachte er und setzte sich auf das weiche Stühlchen.

„Das ist für mich richtig", freute er sich. „Nun will ich die Speisen kosten." Er deckte die große Schüssel ab und fuhr mit der Pfote in die Suppe. „Brr … brr! Brennt wie Pfeffer!"

Dann kostete er von der mittleren Schüssel. „Puuuh! Sauer wie Essig!"

Aber in dem Schüsselchen war süßer Milchbrei. „Hm … hm … hm! Das schmeckt gut!" Kratzefuß schleckte und schleckte, bis das Schüsselchen leer geworden war.

Nun putzte er sich die Schnauze, schlenkerte mit den Pfoten und schaukelte hin – her auf dem Stühlchen. Plötzlich tat es „knacks", und ein Holzbein war gebrochen und ab.

Erschrocken wollte Kratzefuß das Weite suchen. Aber – da bemerkte er eine Tür im Saal. Er schlich hin und horchte. Alles war still. Nun öffnete er und ging in die Kammer.

„Ah, hier schlafen also die Bären", sagte er laut. Denn es waren drei Betten nebeneinander gestellt.

Das erste war breit und mächtig, das zweite weniger groß und das dritte ein Bettchen, weich mit Moos gefüllt.

Kratzefuß fühlte, dass er ein bisschen schlafen musste. Er legte sich in das Bettchen und dachte: „Nur ein Viertelstündchen! Dann laufe ich heim!"

Aber bald kamen die drei Bären nach Hause. Als sie in den Saal traten, sahen sie, dass jemand dagewesen war.

„Wer hat auf meinem Stuhl gesessen?" brummte Vater Bär.

„Wer hat meinen Lehnsessel so zerkratzt?" murrte Mutter Bär.

„Und wer hat mein Stühlchen zerbrochen?" jammerte das Bärchen.

„Brumm – brumm – brumm … Wer geht hier um?"

Als Vater Bär die große Schüssel aufdeckte, fehlte ein Löffel Suppe, bei Mutter Bär ein Brocken, und im Schüsselchen war kein Milchbrei.

„Brumm – brumm – brumm … Wer geht hier um?"

Nun gingen die drei Bären in ihre Schlafkammer. Vater Bär brummte zornig: „Wer hat mein Bett zerwühlt?"

Mutter Bär murrte: „Wer hat in meinem Bett gelegen?"

Das Bärchen rief: „Wer schnarcht in meinem Bettchen?"

„Das ist Fuchs Kratzefuß!" brummte Vater Bär. „Soll ich ihn fressen?"

„Zieh ihm den Pelz ab", sagte Mutter Bär.

„Nein, lassen wir Kratzefuß laufen", ersuchte das Bärchen.

„Strafe muss sein", brummte Vater Bär. „Sonst besucht uns der Fuchs wiederum." Er hob Kratzefuß an den Vorderpfoten hoch, die Bärin hielt die Hinterpfoten, das Bärchen schubste ihn hin und her, dann warfen sie ihn zum Fenster hinaus.

Kratzefuß erwachte mitten im Dornengestrüpp. Oh, wie es stach! „Meine Knochen, auweh!" Jammernd erhob er sich, schüttelte die linke Pfote, dann die rechte, nun die hinteren Beine, wedelte mit dem Schwanz, spitzte die Ohren, klapperte mit den Zähnen … In Ordnung! Nichts ist geschehen! Nun fort in meine Höhle!

Ins alte Schloss ging Kratzefuß nicht wieder.

Englisches Volksmärchen

Der andere Pfannkuchen

Es war einmal eine Großmutter, die wollte für den Großvater einen schönen, dicken Pfannkuchen backen. Sie nahm Mehl, Eier, Butter, Zucker und Rahm, gab alles in eine Schüssel und rührte und rührte fleißig um, bis ein Pfannkuchenteig dalag.

Der Großvater schob Holz in den Ofen und sagte: „Großmutter, das Backrohr ist schon warm!"

Da schüttete die Großmutter den Teig in die Butterpfanne und schob diese in den Backofen.

Der Pfannkuchenteig machte „plups, plups", wurde groß wie ein Ball und bekam eine goldbraune Farbe.

Der Großvater freute sich, und die Großmutter sagte: „Der Pfannkuchen wird gut und ist bald fertig. Ich drehe ihn nur noch auf die andere Seite." Die Großmutter wendete ihn um, aber plötzlich hüpfte der Pfannkuchen auf die große Gabel, dann auf die Herdplatte, nun auf den Boden, und ehe der Großvater ihn einfing, rollte er zur offenen Tür hinaus.

Hinterdrein liefen die Großmutter mit der Gabel, der Großvater mit dem Löffel, aber der Pfannkuchen war schneller, und sie holten ihn nicht ein.

„Rolle, rolle, rolle", gings dahin, die Gasse hinunter und aufs Feld hinaus.

Kam ein Häschen gesprungen und rief:

„Pfannkuchen, halt ein! Ich will dich fressen!"

„Ach, friss mich nicht", sagte der Pfannkuchen. „Ich weiß ein schönes Lied, das will ich dir vorsingen:

„Mit Zucker, Eier, Rahm vermischt,
werd' ich in brauner Butter aufgetischt!
Doch sprang ich aus der Pfanne, aus dem Haus
und lauf nun in die Welt hinaus.
Die Großmutter hört' ich schrein,
der Großvater fing mich nicht ein,
und du, Häschen, willst schneller sein?"

Und vorbei am Hasen rollte der dicke, fette Pfannkuchen in den Wald.

Kam der Wolf daher und knurrte:

„Pfannkuchen, halt ein! Ich will dich fressen!"

„Ach, friss mich nicht", sagte der Pfannkuchen. „Ich weiß ein schönes Lied, das will ich dir vorsingen:

> „Mit Zucker, Eier, Rahm vermischt,
> werd' ich in brauner Butter aufgetischt!
> Doch sprang ich aus der Pfanne, aus dem Haus
> und lauf nun in die Welt hinaus.
> Die Großmutter hört' ich schrein,
> der Großvater fing mich nicht ein,
> dem Hasen ich sogar entrann,
> dich, Wolf, krieg ich auch noch dran!"

Und fort rollte der dicke, fette Pfannkuchen immer tiefer in den Wald.

Kam der Bär und brummte:

„Pfannkuchen, halt ein! Ich will dich fressen!"

„Ach, friss mich nicht", sagte der Pfannkuchen. „Ich weiß ein schönes Lied, das sing ich dir vor:

> „Mit Zucker, Eier, Rahm vermischt,
> werd' ich in brauner Butter aufgetischt!
> Doch sprang ich aus der Pfanne, aus dem Haus
> und lauf nun in die Welt hinaus.
> Die Großmutter hört' ich schrein,
> der Großvater fing mich nicht ein,
> dem Hasen ich sogar entrann,
> auch den Wolf kriegte ich dran.
> Und du willst mich verschlingen?
> Ei, wie soll das Kunststück dir gelingen?"

Und vorwärts rollte der dicke, fette, braune Pfannkuchen zum Wald hinaus.

Kam ein Fuchs und rief:

„Pfannkuchen, halt ein! Ich will dich fressen!"

„Ach, friss mich nicht", sagte der Pfannkuchen. „Ich weiß ein schönes Lied, das sing ich dir vor:

> „Mit Zucker, Eier, Rahm vermischt,
> werd' ich in brauner Butter aufgetischt!
> Doch sprang ich aus der Pfanne, aus dem Haus
> und lauf nun in die Welt hinaus."

„Sehr schön", sagte der Fuchs, „aber ich höre schlecht. Komm näher heran!"

Der Pfannkuchen rollte nahe zum Fuchs und sang weiter:

> „Die Großmutter hört' ich schrein,
> der Großvater fing mich nicht ein,
> dem Hasen ich sogar entrann,
> Wolf Graupelz kriegte ich dran.
> Auch der Bär wollt' mich verschlingen,
> das Kunststück musste ihm misslingen.
> Dir, Fuchs, wird es nicht besser ergehn,
> wer mich bedroht, hat das Nachsehen."

„Lieber Pfannkuchen", sagte der Fuchs, „ich danke dir für das schöne Lied. Es ist wirklich ein herrliches Lied. Leider habe ich nicht alles verstanden. Meine Ohren sind alt. Komm noch näher, und setze dich auf meine Schnauze, dann höre ich gut!"

Der Pfannkuchen setzte sich wirklich auf die Schnauze, und als er anfing zu singen, machte der Fuchs „happs" und verschlang den dicken, fetten, aufgeblähten, braunen, dummen Pfannkuchen.

Und damit war die Reise des Pfannkuchens zu Ende.

Altes russisches Ammenmärchen

Tittymaus und Tattymaus

In einem Mausloch wohnten einmal zwei Mäuseschwestern, Titty und Tatty. Sie hatten nie Streit und waren glücklich.

Eines Tages sagte Tittymaus zu Tattymaus: „Tattymaus, ich laufe auf das Feld und hole ein paar Körnlein zum Essen. Unsere Vorratskammer ist leer."

Tattymaus war es recht, und Tittymaus lief auf das Feld hinaus.

Unterdessen räumte Tattymaus die Wohnung auf und begann zu kochen. Sie wollte Titty mit einem Grießbrei überraschen. Den aß sie so gern.

Als die Milch zu kochen anhub, schüttete Tattymaus den Grieß hinein. Plötzlich rutschte sie aus und fiel in den Topf.

„Hilfe! Hilfe!" schrie sie. Aber niemand hörte die arme Tattymaus, und so musste sie verbrennen.

Nach einiger Zeit kam Tittymaus nach Hause. „Tattymaus, wo bist du?" rief sie. Als sie keine Antwort bekam, suchte sie Tatty und fand sie endlich im heißen Grießbrei.

Da weinte Tittymaus bitterlich. Die Tür quietschte in den Angeln. „Was ist geschehen?"

„Ach, ach", klagte Tittymaus, „Tattymaus ist tot, und ich wein' mir die Augen rot!"

Da rief die Tür:

„Ist Tattymaus tot,
und Tittymaus weint sich die Augen rot,
so schließ ich mich zu,
und im Haus ist Ruh'."

Das Fenster hörte die Tür sich schließen und fragte:

„Tür, warum hast du dich zugemacht?" Die Tür antwortete:
„Ach, Tattymaus ist tot,
Tittymaus weint sich die Augen rot,
da schloss ich mich zu,
und im Häuschen ist Ruh'."
Das Fenster erwiderte:
„Hast du geschlossen dein Tor,
so mach ich am Fenster den Riegel vor."
Knacks! war der Riegel vorgeschoben. Das hörte die Tanne und fragte:
„Fenster, warum hast du den Riegel vorgeschoben?"
„Ach, Tattymaus ist tot,
Tittymaus weint sich die Augen rot,
da hat sich geschlossen das Tor,
und ich schob meinen Riegel vor",
sagte das Fenster.
Da begann die Tanne zu rauschen:
„Hat sich geschlossen das Tor,
und du schobst deinen Riegel vor,
so will ich mich rütteln
und die grünen Nadeln abschütteln!"
Und die Tanne schüttelte ihre grünen Nadeln ab.
Nun kam ein kleines Mädchen mit einem Krug Milch in der Hand und blickte erstaunt die Tanne an:
„Tanne", sagte es, „warum hast du deine grünen Nadeln abgeschüttelt?"
„Ach", rauschte die Tanne,
„Tattymaus ist tot,
Tittymaus weint sich die Augen rot,
geschlossen hat sich das Tor,
das Fenster schob seinen Riegel vor,
da hab ich mich gerüttelt
und meine grünen Nadeln abgeschüttelt."

Das Mädchen wurde ganz traurig und sagte:
„Hat sich geschlossen das Tor,
das Fenster schob den Riegel vor,
du, Tanne, hast dich gerüttelt
und deine grünen Nadeln abgeschüttelt,
so gieße ich die Milch aus
vor dem kleinen Mäusehaus."
Und es goss die Milch aus, dass sie wie ein Bächlein dahinfloss.

Das sah ein Mann. Er stand auf einer Leiter und schnitt Zweige ab.

„Warum hast du denn deine Milch ausgegossen", fragte er das Mädchen.

„Ach", sagte das Mädchen,
> „Tattymaus ist tot,
> Tittymaus weint sich die Augen rot,
> geschlossen hat sich das Tor,
> das Fenster schob den Riegel vor,
> die Tanne hat sich gerüttelt
> und ihre grünen Nadeln abgeschüttelt,
> da hab ich die Milch ausgegossen,
> dass sie ist wie ein Bächlein geflossen."

„Was nicht gar!" schrie der Mann,
> „hat sich die Tanne gerüttelt
> und ihre Nadeln abgeschüttelt,
> hast du die Milch ausgegossen,
> dass sie ist wie ein Bach geflossen,
> so schneid' ich nicht mehr weiter
> und falle von der Leiter."

Plumps! – machte es, und der Mann purzelte von der Leiter.
> Da fiel die Leiter aufs Mäusehaus,
> erschreckt fuhr Titty zum Loch hinaus.
> Sie weinte nicht mehr, ließ das Klagen sein
> und sprang – husch – in den Wald hinein.
> Da lachte das Mädchen und schwenkte den Krug, der Mann unter der Leiter schrie: „Nun ist's genug!"
> Er kroch heraus
> und ging mit dem Mädchen vergnügt nach Haus.

Englisches Volksmärchen

Die drei Lämmchen

Eine Schafmutter hatte drei Lämmchen. Die waren niedlich anzusehen. Jeden Morgen rief die Mutter: „Bä … Bä … Bä … jetzt gehn wir in den Klee!" Dann sprangen die Lämmchen mit ihr aufs Feld hinaus und fraßen sich satt.

Eines Tages aber sagte die Schafmutter: „Heute kann ich mit euch nicht aufs Kleefeld gehen. Ich muss den Vater besuchen. Bleibt hübsch artig im Stall, bis ich wiederkomme." Die Schäfchen versprachen es, und die Mutter ging fort.

Kaum hatte sie den Hof verlassen, als der Bär aus dem Wald kam und an die Stalltür klopfte. „Lämmlein, Lämmlein, kommt heraus, wir gehen aufs Feld", brummte er laut.

Die Schäfchen aber merkten, dass es eine fremde, tiefe Stimme war und antworteten: „Nein, nein, du bist nicht die Mutter, wir bleiben zu Hause." Der Bär ärgerte sich, weil die Schäfchen so klug waren und tappte fort.

Da kam der Wolf. Er putzte sich mit den Pfoten die Schnauze, setzte sich auf die Hinterbeine und sang:

„Lämmlein, Lämmlein, kommt heraus, wir gehen aufs Feld. Ich bin eure Mutter!"

Aber die Lämmlein erkannten die Stimme des Wolfes und riefen:

„Nein, nein, du bist nicht unsere Mutter! Wir bleiben zu Hause." So musste auch der Wolf ohne Lammbraten abziehen.

Nun kam der Fuchs. Er rief mit freundlicher Stimme: „Lämmlein, Lämmlein, kommt heraus! Ich bin der Vater und führe euch auf die Wiese. Die Mutter ist auch dort."

Die Lämmlein wussten nicht, was sie tun sollten. Sie hatten den Vater noch nie gesehen und seine Stimme nie gehört. So sagte das größte:

„Wie rufst du uns aus dem Stall heraus?"

„Dil Dal Haloni! Dil Dal Haloni!" sang der Fuchs mit hoher Stimme.

„Dil Dal Haloni" – Das gefiel den Lämmchen. Sie öffneten die Tür und sprangen heraus. – Aber – o Schreck! Da war nicht der Vater, sondern der Fuchs. Und er zeigte die Zähne und sprang auf die Lämmchen los.

Da liefen sie um ihr Leben! Rund ums Haus herum, rund ums Haus herum. Der Fuchs rannte hinterher. „Bä … Bä … Bä …", schrien die Lämmchen.

„Hau … Hau … Hau …", bellte der Fuchs. Hops, sprangen sie hintereinander aufs Dach hinauf und auf der andern Seite hinunter. Schon waren sie im Stall verschwunden und machten die Tür zu.

Der Fuchs suchte auf dem Dach die Lämmchen. Aber sie waren nicht da!

Da suchte er sie im Rauchfang, kroch hinein und plumpste hinab auf den heißen Ofen. Oh, wie brannte die Schnauze! Er lief zu der offenen Tür und hinaus. Aber da saß die Bauersfrau auf der Bank und rührte Butter im Fass. Als sie den Fuchs erkannte, warf sie ihm den Butterkübel nach. An seinem Schwanz blieb ein Klumpen Rahm hängen, und der Kübel schlug ihm auf die Pfoten.

Endlich erreichte er den Wald. Drei Tage lang konnte er nicht fressen, weil seine Schnauze verbrannt war. Dazu hinkte er auf drei Beinen. Seine Schwanzspitze aber hat seither einen weißen Fleck. Das machte der Rahm.

Als die Schafmutter heimkehrte, rief sie: „Bä … Bä … Bä … jetzt gehn wir in den Klee!"

Das war nun wirklich die Mutter! „Dil Dal Haloni", sangen die Lämmchen, erzählten ihre Abenteuer mit dem Bären, dem Wolf und dem Fuchs und fraßen den guten Klee. Dann spielten sie bis zum Abend und gingen mit der Mutter nach Hause. „Dil – Dal – Haloni!"

So singen auch heute noch die Hirten in Norwegen, wenn sie ihre Schafe locken.

Norwegisches Ammenmärchen

Das furchtsame Hühnchen

Es war einmal ein Hühnchen, das lief auf der Wiese umher. Als es zu einem Baum kam, fiel etwas auf sein Schwänzlein. Da fing es an zu laufen und lief immerzu, bis ein Entlein des Weges kam.

„Warum läufst du so schnell, Hühnchen?" fragte das Entlein.

„Der Himmel fällt herunter!"

„Hühnchen, wer hat es dir gesagt?"

„Niemand! Aber mir ist ein Stückchen auf mein Schwänzchen gefallen."

„Ist das so, komm' ich mit", sagte das Entlein.

Sie liefen und liefen, bis sie einer Gans begegneten. Die fragte: „Warum lauft ihr denn so?"

Sagte das Entlein: „Der Himmel stürzt ein!"

„Ente, wer hat es dir gesagt?"

„Das Hühnchen hat es mir gesagt!"

„Hühnchen, wer hat es dir gesagt?"

„Niemand! Aber mir ist ein Stückchen auf mein Schwänzchen gefallen."

„Ist das so, komm' ich auch mit", sagte die Gans. Und sie liefen miteinander weiter und weiter. Kam ein kleiner Hund und fragte:

„Warum lauft ihr denn so?"

Die Gans sagte: „Der Himmel stürzt ein!"

„Gänslein, wer hat es dir gesagt?"

„Das Entlein hat es mir gesagt!"

„Entlein, wer hat es dir gesagt?"

„Das Hühnchen hat es mir gesagt!"
„Hühnchen, wer hat es dir gesagt?"
„Niemand! Aber mir ist ein Stückchen auf mein Schwänzchen gefallen."

Da lief der kleine Hund auch mit. Nach einer Weile trafen sie ein Kälbchen. Das fragte: „Warum lauft ihr denn so?"

„Ei, der Himmel stürzt ein", sagte der Hund.
„Hund, wer hat es dir gesagt?"
„Das Gänslein hat es mir gesagt!"
„Gänslein, wer hat es dir gesagt?"
„Das Entlein hat es mir gesagt!"
„Entlein, wer hat es dir gesagt?"
„Das Hühnchen hat es mir gesagt!"
„Hühnchen, wer hat es dir gesagt?"
„Niemand! Aber mir ist ein Stückchen auf mein Schwänzchen gefallen."

Da ist das Kälbchen auch mitgelaufen. Bald kam ein kleiner Junge, der fragte: „Tierlein, warum lauft ihr denn so?"

Sie riefen: „Ei, der Himmel stürzt ein. Dem Hühnchen ist ein Stückchen auf sein Schwänzchen gefallen."

Der kleine Junge lachte, ging mit den Tieren auf die Wiese und sagte: „Stellt euch alle unter den Kirschbaum!"

Dann schüttelte er einen Ast, die Kirschen purzelten herunter und fielen allen Tieren auf die Schwänzchen.

„Ist das der Himmel?" lachte der Junge. „Dem Hühnchen ist eine Kirsche aufs Schwänzlein gefallen, und es hat gemeint, der Himmel stürzt ein. Hahaha! Und ihr habt es alle geglaubt!"

Da gingen die Tiere alle still und leise nach Haus, und die Geschichte ist aus.

Volksmärchen aus Siebenbürgen

Das unfolgsame Wölfchen

Es waren einmal fünf Freunde: der Ziegenbock, der Hammel, der Gänserich, der Hahn und die Katze. Als sie so dahingingen, kamen sie in den Wald und fanden nicht wieder heraus. Die Sonne ging unter, und es wurde Nacht.

Die Tiere trauten sich nicht weiterzugehen. Die Katze und der Hahn jammerten: „Wo sollen wir schlafen?"

„Wir müssen uns ein Haus bauen", sagte der Ziegenbock. „Fangen wir an!" Er stieß einen Baum mit den Hörnern zu Boden; die Katze scharrte viel Moos zusammen; der Hammel riss Zweige von den Büschen und machte damit die Wände vom Haus; der Hahn lief zum Bach, pickte Schilfhalme ab und brachte sie zum Dachdecken; der Gänserich machte das Dach. Bald war das Häuschen fertig.

Die Tiere gingen hinein und legten sich zur Ruhe, ein jedes wie gewohnt an einem Platz.

Der Hammel ruhte beim Ofen, die Katze hockte obenauf, der Gänserich flog auf die Tür, der Ziegenbock legte sich daneben, und der Hahn saß auf dem Dach.

Nun schliefen sie ruhig und fest in ihrem Haus. Mitten in der Nacht aber kam die Wolfsmutter mit ihren zwei Jungen dort vorbei.

„Wer hat wohl das Haus gebaut?" wunderte sie sich. „Gestern stand es noch nicht da. Ist nicht geheuer!"

„Ach was", sagte das eine Wölfchen, „ich fürchte mich nicht! Gehen wir hinein! Vielleicht finden wir etwas zu fressen!"

„Nein, nein!" rief die Mutter. „Wir gehen nicht hinein! Es riecht hier so merkwürdig und fremd! Nur weiter und fort von hier!"

Sie liefen bis zu dem grünen Hügel, wo sie sich gern aufhielten. Dort wollten sie auch schlafen und sich ausruhen. Die Wolfsmutter begann bald zu schnarchen. Ein Wölfchen kuschelte sich an ihren Pelz, das jüngere aber schlief nicht. Das Häuschen ging ihm nicht aus dem Sinn, und es wurde immer neugieriger, je länger es an das Haus dachte.

Nun richtete es sich auf, sah, dass Mutter tief schlief und der Bruder ebenfalls. Leise schlich es fort und rannte zu dem Häuschen im Wald. „Ich will mich nur umsehen", sagte es zu sich.

Nun stand es vor der Tür und horchte. Alles blieb still. Das Wölfchen wurde immer mutiger. Es stieß die Tür auf und pfotelte hinein.

Aber bei der Tür lag der Ziegenbock, erwachte, nahm das Wölfchen auf die Hörner und warf es ab, dass ihm die Knochen krachten.

Alle Tiere erwachten durch den Lärm. Der Gänserich zwickte den Wolf überall in die Pfoten, der Hammel stieß ihn an den Kopf, die Katze zerkratzte ihm die Schnauze, und als das Wölfchen zur Tür hinausrannte, krähte der Hahn:

„Wo, wo? Gebt mir auch! Gebt mir auch!"

Außer Atem langte das Wölfchen am grünen Hügel an. Die Mutter und der Bruder schliefen immer noch. Aber es jammerte leise vor sich hin: „Oh, meine wunden Pfoten, meine Schnauze, mein Kopf, mein Bäuchlein! Auauau!"

Bald erwachte die Mutter, und die Sonne ging auf. Da sah sie das Wölfchen so wund daliegen und rief: „Was ist denn geschehen, Söhnchen? Wie schaust du denn aus?

Die Schnauze zerkratzt, die Pfoten wund, das Fellchen zerzaust, und … und …?"

„Ach, Mutter, ich bin zum Häuschen gelaufen und wollte mich drinnen umsehen. Aber es wohnt dort eine böse Hexe mit ihren Gehilfen. Sie haben mich so arg empfangen."

Die Mutter sagte bloß: „Wer nicht folgt, muss zahlen!" Dann brach sie mit ihren Jungen auf in den tiefen Wald. Der ältere Bruder war vergnügt, sprang hin und her, der jüngere aber jammerte und klagte, jedoch seine Mutter zeigte taube Ohren.

Das wird sich das Wölfchen gemerkt haben. Zum Häuschen ging es nicht wieder.

Allein als die Wolfsmutter nach langem dort vorüberkam, stand das Haus nicht mehr. Die Tiere hatten wieder nach Hause gefunden.

„Wie das?" wunderte sich die Wölfin, „einmal steht ein Haus, und dann verschwindet es wieder. Nicht geheuer!" Und sie lief fort.

Volksmärchen aus Lettland

Klein Flöhchen und Klein Läuschen

Eines Tages sagte Klein Flöhchen zu Klein Läuschen: „Klein Läuschen, ich trage das Korn in die Mühle. Nimm dich in acht, dass du nicht in den Kochtopf hineinfällst!"

Klein Läuschen lachte. „Fürchte nur nichts! Ich falle schon nicht in den Topf hinein." Dann ging Klein Flöhchen fort.

Klein Läuschen begann das Haus zu kehren, das Geschirr zu waschen, den Kochtopf zu putzen und im Ofen Feuer zu machen. Dann stellte Läuschen den Topf mit Suppe darauf. Von all der Arbeit war es so müde geworden, dass es in den Garten lief und sich unter den Rosenstrauch schlafen legte. Bald schlief es tief und fest.

Nach einer Weile kam Klein Flöhchen nach Hause. Als er die Tür offen sah, erschrak er fürchterlich. „Klein Läuschen, Klein Läuschen, wo bist du?" rief er. Aber er bekam keine Antwort. Klein Läuschen konnte ihn nicht hören. Es schlief unter dem Rosenstrauch im Garten.

Klein Flöhchen suchte da, Klein Flöhchen suchte dort, aber er fand das Läuschen nicht. Im Kochtopf aber kochte die Suppe.

„Ach, ach", klagte Klein Flöhchen. „Sicher ist Klein Läuschen in den Topf gefallen und verbrannt. Ach, ach! Ich bleibe nicht mehr hier. Ich gehe in die Welt hinaus!"

Als Klein Flöhchen ein paar Schritte getan hatte, fragte der Tisch:

„Klein Flöhchen, warum weinest du?"

„Ach, sollte ich nicht?" erwiderte Klein Flöhchen traurig. „Klein Läuschen ist in den Topf gefallen und verbrannt. Ich bleibe allein nicht zu Hause."

Der Tisch sprach:
„Gehst du fort von hier,
so komme ich mit dir."

Er hob seine Beine und wackelte hinter Klein Flöhchen her. Da kamen sie an einem Backtrog vorbei. Der fragte: „Klein Flöhchen, warum weinest du?"

„Ach, Klein Läuschen ist in den Topf gefallen", klagte Klein Flöhchen. „Daher gehe ich fort von hier und der Tisch kommt auch mit."

Sagte der Backtrog:
„Geht der Tisch mit dir,
so bleib' ich auch nicht mehr hier."

Er tat einen Ruck und polterte hinter dem Tisch her.

Als sie bei der Tür waren, fragte diese:
„Klein Flöhchen, warum weinest du?"

„Ach, Klein Läuschen ist in den Topf gefallen", klagte Klein Flöhchen. „Daher gehe ich fort von hier, der Tisch und der Backtrog kommen mit mir."

Die Tür rief:
„Geht der Tisch und der Backtrog mit dir,
so bleib' ich auch nicht mehr hier."

Die Tür hob sich aus den Angeln und rumpelte hinter dem Backtrog her.

Sie kamen zum Nussbaum. Der fragte:
„Klein Flöhchen, warum weinest du?"

„Ach, Klein Läuschen ist in den Topf gefallen", klagte Klein Flöhchen. „Daher gehe ich fort von hier, der Tisch, der Backtrog, die Tür kommen mit mir."

„Halt, halt!" rauschte der Nussbaum.

„Geht der Tisch, der Backtrog, die Tür mit dir,
so bleib' ich auch nicht mehr hier."
Er riss seine Wurzeln aus der Erde und schwankte hinter der Tür her.

So kamen sie alle miteinander bis zum Garten. Da wachte Klein Läuschen, das unter dem Rosenstrauch lag, gerade auf. Es schaute verdutzt, als die ganze Gesellschaft so traurig herangewackelt kam.

Aber auch Klein Flöhchen, der Tisch, der Backtrog, die Tür und der Nussbaum machten Augen, als sie Klein Läuschen auf einmal lustig und lebendig im Garten sahen.

Erst lachte Klein Läuschen, dann lachte Klein Flöhchen, dann der Tisch, der Backtrog, die Tür und zuletzt der Nussbaum!

Alle kehrten fröhlich ins Haus zurück.

Der Nussbaum steckte seine Wurzeln in die Erde,
die Tür sprang in die Angeln,
der Backtrog wackelte in die Ecke,
der Tisch stellte sich in die Mitte,
Klein Flöhchen setzte sich dazu,
und Klein Läuschen trug die Suppe auf.

Französisches Ammenmärchen

Wie die Tiere nach Sankt Nimmerlein gingen

Es war einmal eine Henne auf einen Baum geflogen. Dort schlief sie über Nacht. Da träumte ihr, dass sie nach Sankt Nimmerlein gehen soll, weil's dort lustig zugeht. Am Morgen machte sie sich gleich auf den Weg nach Sankt Nimmerlein.

Da kam der Hahn des Weges.

„Guten Morgen, Henne Widewenne, wohin gehst du?" fragte er.

„Nach Sankt Nimmerlein! Dort soll es lustig sein!"

„Wer hat es dir gesagt?" fragte der Hahn.

„Ich habe es in der Nacht geträumt", erwiderte die Henne.

„Ist es so, dann komme ich mit dir", krähte der Hahn. Die beiden gingen zusammen.

Watschel, watschel, kam eine Ente daher.

„Guten Morgen, Hahn Kikeriki und Henne Widewenne, wohin denn so früh?"

„Ich gehe nach Sankt Nimmerlein, Frau Schnatterin", sagte der Hahn.

„Wer hat es dir gesagt?"

„Die Henne Widewenne."

„Wer hat es dir gesagt, Henne Widewenne?" wollte die Ente wissen.

„Ich habe in der Nacht geträumt, dass es in Sankt Nimmerlein lustig ist."

Die Ente sagte: „Ich gehe auch mit!"

Nun gingen sie zu dritt weiter und weiter, bis ihnen eine Gans entgegenkam.

„Guten Morgen, Frau Schnatterin, Hahn Kikeriki, Henne Widewenne, wohin denn so früh?" fragte die Gans neugierig.

„Ich gehe nach Sankt Nimmerlein, weil es dort lustig ist", sagte die Ente.

„Ei, wer hat es dir denn gesagt?"

„Der Hahn Kikeriki", schnatterte die Ente.

„Und wer hat es dir gesagt, Hahn Kikeriki?" fragte die Gans.

„Henne Widewenne."

„Wer hat es dir gesagt, Henne Widewenne?"

„Ich habe in der Nacht geträumt, dass es in Sankt Nimmerlein lustig ist."

Die Gans besann sich nicht lange und ging auch mit.

Nun waren sie ihrer vier und marschierten weiter.

Da kam ein Häschen gesprungen und rief:

„Guten Morgen, Gans Wackelschwanz, Frau Schnatterin, Hahn Kikeriki und Henne Widewenne. Wohin denn so früh am Morgen?"

Die Gans antwortete:

„Ich gehe nach Sankt Nimmerlein, weil es dort lustig ist."

„Wer hat es dir gesagt, Gans Wackelschwanz?"

„Ente Schnatterin!"

„Wer hat es dir gesagt, Ente Schnatterin?"

„Hahn Kikeriki!"

„Wer hat es dir gesagt, Hahn Kikeriki?"

„Henne Widewenne!"

„Und wer hat es dir gesagt, Henne Widewenne?"

„Ich habe es in der Nacht geträumt", sagte die Henne.

„Ist es so, dann komme ich auch mit", sagte der Hase.

Nun gingen sie ihrer fünf immerzu weiter, den ganzen Tag lang.

Plötzlich kam der Fuchs aus dem Wald hervor. Als er die Tiere sah, machte er ein schlaues Gesicht und fragte:

„Wohin denn so eilig, Häschen Stumpfnäschen?"

„Ich gehe nach Sankt Nimmerlein, weil es dort lustig ist."

„Wer hat es denn dir gesagt?" fragte der Fuchs.

„Gans Wackelschwanz!"

„Wer hat es dir gesagt, Gans Wackelschwanz?"

„Ente Schnatterin!"

„Wer hat es dir gesagt, Ente Schnatterin?"

„Hahn Kikeriki!"

„Wer hat es dir gesagt, Hahn Kikeriki?"

„Henne Widewenne!"

„Und wer hat es dir gesagt, Henne Widewenne?" fragte der Fuchs.

„Ich habe es in der Nacht geträumt", antwortete die Henne.

„Nach Sankt Nimmerlein ist es noch weit", meinte der Fuchs. „Bald wird es Nacht und ihr werdet müde und hungrig sein. Kommt mit mir in mein Haus und ruht euch aus. Am Morgen könnt ihr weitermarschieren."

Der Vorschlag des Fuchses gefiel den Tieren, und sie gingen mit ihm in seine Wohnung. Dort war es dunkel und warm. Bald wurden sie alle schläfrig. Jeder suchte sich ein Plätzchen, so wie er es gern hatte.

Der Hase legte sich zum Eingang, die Ente nahe zum Ofen, die Gans flog auf den Tisch, die Henne und der Hahn aber setzten sich auf den Türbalken. Nicht lange und sie schliefen ein. Mitten in der Nacht wachte die Henne plötzlich auf. Sie hatte ein merkwürdiges Knirschen gehört.

Weil sie aber so schläfrig war, machte sie nur ein Auge auf und blinzelte zum Fuchs hinunter.

„Was war denn das?" fragte sie.

„Schnick, schnack!" rief der Fuchs ärgerlich. Er fraß gerade die Gans. „Ich habe bloß mit den Zähnen gebissen. Schlaf weiter!"

Die Henne schlief also weiter. Aber da sie nicht mehr so fest schlief, hörte sie bald darauf wieder das laute Knirschen.

Die Henne öffnete nun beide Augen und schaute zum Fuchs hinunter. Da sah sie mit Schrecken, wie er die Ente fraß. Nun wusste sie genug.

Sie weckte den Hahn und hüpfte auf den höchsten Balken. Nun gackerte sie laut und der Hahn krähte:

„Was fliegen denn da für schöne Gänse vorüber?"

„Wo, wo?" rief der Fuchs und sprang zur Tür hinaus.

Husch, flogen über ihn hinweg zwei Vögel: Henne Widewenne und Hahn Kikeriki. Auf einem Baum saßen sie nun und lachten den Fuchs aus.

Aber auch das Häschen war längst fortgehüpft. Nur die arme Ente und die Gans waren nicht mehr.

Henne Widewenne und Hahn Kikeriki machten sich eilig auf den Heimweg in ihren Bauernhof. Nach Sankt Nimmerlein wollten sie nicht mehr gehen. Daheim war es schön und lustig.

Norwegisches Volksmärchen

Läuschen und Flöhchen

Ein Läuschen und ein Flöhchen lebten mitsammen in einem winzigen Haus. Einmal wollten sie Bier in einer Eierschale machen. Als es kochte, fiel Läuschen hinein und verbrannte sich. Darüber fing das Flöhchen laut an zu jammern.

Da fragte die kleine Tür: „Was schreist du, Flöhchen?"
„Weil Läuschen sich verbrannt hat."
Da fing das Türchen an zu knarren. Sprach das Besenchen in der Ecke: „Was knarrst du, Türchen?"
„Soll ich nicht knarren?
Läuschen hat sich verbrannt,
Flöhchen weint."
Da fing das Besenchen an zu kehren. Da kam ein Wägelchen vorbei und sprach: „Was kehrst du, Besenchen?"
„Soll ich nicht kehren?
Läuschen hat sich verbrannt,
Flöhchen weint,
Türchen knarrt."
Da sprach das Wägelchen: „So will ich rennen" – und fing an entsetzlich zu rennen. Da sprach das Mistchen: „Was rennst du, Wägelchen?"
„Soll ich nicht rennen?
Läuschen hat sich verbrannt,

Flöhchen weint,
Türchen knarrt,
Besenchen kehrt."

Da sprach das Mistchen. „So will ich entsetzlich brennen" – und fing an in hellem Feuer zu brennen.

Da stand ein Bäumchen neben dem Mistchen, das sprach: „Mistchen, warum brennst du?"

„Soll ich nicht brennen?
Läuschen hat sich verbrannt,
Flöhchen weint,
Türchen knarrt,
Besenchen kehrt,
Wägelchen rennt."

Da sprach das Bäumchen. „So will ich mich schütteln" – und fing an sich zu schütteln, dass alle Blätter abfielen. Das sah ein Mädchen, das mit einem Wasserkrüglein herankam und sprach: „Bäumchen, was schüttelst du dich?"

„Soll ich mich nicht schütteln?
Läuschen hat sich verbrannt,
Flöhchen weint,
Türchen knarrt,
Besenchen kehrt,
Wägelchen rennt,
Mistchen brennt."

Da sprach das Mädchen: „So will ich mein Wasserkrüglein zerbrechen" – und es zerbrach das Krüglein. Da sprach das Brünnlein: „Mädchen, was zerbrichst du dein Wasserkrüglein?"

„Soll ich mein Wasserkrüglein nicht zerbrechen?
Läuschen hat sich verbrannt,
Flöhchen weint,
Türchen knarrt,
Besenchen kehrt,

Wägelchen rennt,
Mistchen brennt,
Bäumchen schüttelt sich."

„Ei", sagte das Brünnlein, „so will ich anfangen zu fließen" – und fing an entsetzlich zu fließen. Und in dem Wasser sind alle ertrunken: das Mädchen, das Bäumchen, das Mistchen, das Wägelchen, das Besenchen, das Türchen, das Flöhchen, das Läuschen.

Deutsches Volksmärchen

Die starke Maus

Ein Bauer fand einmal eine dicke, große Kartoffel. Er trug sie heim und die Frau wollte sie kochen. Aber das kleine Kind trug sie in den Garten und buddelte sie in die Erde.

Nun fing die Kartoffel zu wachsen an, kriegte Blätter, blühte, und im Herbst sollte sie ausgegraben werden.

Aber so sehr der Bauer auch am Kartoffelstock zog, er kriegte ihn nicht aus der Erde. Da rief er:

„Frau, Frau, komm aus dem Haus,
reiß mit mir die Kartoffel heraus."

Die Frau kam gelaufen, fasste den Mann am Rock und nun zogen sie an. Aber die Kartoffel kriegten sie nicht heraus.

„Knecht, Knecht, komm aus dem Haus,
reiß mit uns die Kartoffel heraus!"

Der Knecht kam, hielt die Frau am Kleid, sie fasste den Mann am Rock, und nun zogen sie an dem Kartoffelkraut. Es rührte sich nicht, und sie kriegten die Kartoffel nicht heraus.

„Magd, Magd, komm aus dem Haus,
reiß mit uns die Kartoffel heraus!"

riefen sie. Die Magd kam, fasste den Knecht, der Knecht die Frau, die Frau den Mann. Nun zogen sie fest an dem Kartoffelkraut. Aber sie kriegten es nicht heraus.

„Kind, Kind, komm aus dem Haus,
reiß mit uns die Kartoffel heraus!"

schrien sie alle. Das Kind fasste die Magd, die Magd den Knecht, der Knecht die Frau, die Frau den Mann, aber die Kartoffel kriegten sie nicht heraus.

„Hund, Hund, komm aus dem Haus,
reiß mit uns die Kartoffel heraus!"

„Wau-wau", sagte der Hund, fasste das Kind, das Kind die Magd, die Magd den Knecht, der Knecht die Frau, die Frau den Mann, aber sie konnten den Kartoffelstock nicht aus der Erde ziehen.

„Katze, Katze, komm aus dem Haus,
reiß mit uns die Kartoffel aus",

bellte der Hund. Die Katze fasste den Hund, der Hund das Kind, das Kind die Magd, die Magd den Knecht, der Knecht die Frau, die Frau den Mann, aber die Kartoffel kriegten sie nicht heraus.

Da rief die Katze die Maus:

„Maus, Maus, komm aus dem Haus,
reiß mit uns die Kartoffel heraus!"

Die Maus lief herbei, fasste die Katze, die Katze den Hund, der Hund das Kind, das Kind die Magd, die Magd den Knecht, der Knecht die Frau, die Frau den Mann … Sie zogen an, es machte „kracks", der Mann fiel auf die Frau, die Frau auf den Knecht, der Knecht auf die Magd, die Magd auf das Kind, das Kind auf den Hund, der Hund auf die Katze, die Katze auf die Maus … Und die Kartoffel war heraus!

Die dicke, riesengroße Kartoffel! Hm, zu Mittag gab's süße Kartoffelpuffer! Alle aßen davon:

der Mann, die Frau, das Kind,
die Magd, der Knecht, der Hund,
die Katze und das Mäuselein.
Das kriegt als Dank die Bröselein.

Russisches Volksmärchen

Die drei Hühnchen

Es waren einmal drei Hühnchen, ein schwarzes, ein rotes und ein weißes. Sie wohnten in einem Hühnerhof und schliefen in der Nacht unter den Flügeln ihrer Mutter, der Gluckhenne.

Als die Sonne einmal so schön schien und das Gras hinter dem Zaun so grün lockte, schlüpften die Hühnchen durch die Latten und liefen auf die Wiese. Sie waren voll Freude, pickten Körner und fraßen Würmer. Keines dachte an die Heimkehr.

Plötzlich sah sich das weiße Hühnchen um und erschrak; der Zaun war nirgends zu sehen. „Wir haben den Weg verloren", gackerte es aufgeregt.

Die Hühnchen liefen umher und suchten den Weg zum Zaun, aber sie fanden ihn nicht. Es wurde Abend und sie hatten kein Versteck gefunden, wo sie schlafen konnten. Das schwarze und das rote Hühnchen weinten, nur das weiße dachte nach.

„Nach Hause finden wir nicht", sagte es. „Im Freien dürfen wir nicht übernachten, sonst kriegt uns der Fuchs. Kommt, bauen wir uns ein Häuschen!"

Die Hühnchen fanden einen Bund Stroh und fingen an ein Häuschen zu bauen. Aber nach einer Weile schlich sich das schwarze Hühnchen fort, pickte Körner und ließ das rote und das weiße Hühnchen arbeiten.

Als das Häuschen dann fertig war, lief es herbei, setzte sich mitten hinein und schloss die Tür ab.

Das weiße und rote Hühnchen rüttelten an der Tür und baten:

„Schwarz-Hühnchen klein,
lass uns hinein!"

Aber Schwarz-Hühnchen schlief schon fest und hörte nichts.

Das weiße und rote Hühnchen liefen traurig weiter. Es war schon recht dunkel und sie sahen nicht mehr gut. Das weiße Hühnchen sprach: „Das Weinen nützt uns nichts! Wir müssen flink ein Häuschen bauen, sonst wird es Nacht."

Weil die Hühnchen kein Stroh und kein Laub fanden, scharrten sie Erde auf und bauten das Häuschen.

Aber nach einer Weile schlich sich das rote Hühnchen fort, war müde und hungrig und pickte Körner. Das weiße Hühnchen arbeitete allein.

Als das Häuschen fertig dastand, kam das rote Hühnchen gelaufen, setzte sich mitten hinein und schloss die Tür. Das weiße Hühnchen erschrak und rief:

„Rot-Hühnchen klein,
lass mich hinein!"

Aber Rot-Hühnchen hatte den Kopf unter die Flügel gesteckt und schlief.

Da stand nun das arme weiße Hühnchen allein und verlassen auf der großen Wiese und weinte. Dann lief es ein Stückchen weiter, fand Steine und baute damit für sich ein Häuschen.

Stein auf Stein legte das Hühnchen. Stein auf Stein, strich die feuchte Erde dazwischen und arbeitete fleißig. Es war schon so müde und sah fast nichts mehr vor Dunkelheit, aber es hörte nicht auf zu arbeiten, bis das Haus fertig war.

Es war ein schönes und festes Häuschen. Das Hühn-

chen freute sich, setzte sich mitten hinein, schloss die Tür ab und schlief ein.

In der Nacht aber kam der Fuchs, sah das Strohhäuschen und rief mit hoher Stimme:

„Schwarz-Hühnchen klein,
lass dein Mütterchen hinein!"

Das schwarze Hühnchen war dumm, glaubte es wäre die Mutter, öffnete die Tür und – happ – schnappte der Fuchs zu und fraß es auf.

Danach lief er zum Erdhäuschen und klopfte an die Tür:

„Rot-Hühnchen klein,
lass dein Mütterchen hinein!"

Das rote Hühnchen war vorsichtig und fragte: „Wie rufst du mich denn?"

„Gagagagak", antwortete der Fuchs. Da öffnete das Hühnchen die Tür und – happ- schnappte der Fuchs es beim Kragen und fraß es auf.

Nun lief der Fuchs zum Steinhäuschen, klopfte an die Tür und gackerte mit feiner Stimme:

„Weiß-Hühnchen klein,
lass dein Mütterchen hinein!"

Aber das weiße Hühnchen erriet, dass draußen der Fuchs stand und fürchtete sich sehr. Es antwortete:

„Herein lass ich dich nicht,
du bist der Fuchs, der Bösewicht!"

Der Fuchs knurrte zornig, stieß an das steinerne Häuschen, rüttelte am Dach, polterte gegen die Tür, klopfte an die Mauern, doch das Haus rührte sich nicht. Es brach nicht zusammen. Aber der Fuchs kriegte wunde Pfoten.

Am Morgen lief der Fuchs in den Wald. Nach einer Weile traute sich das weiße Hühnchen aus dem Haus, schaute umher und machte sich auf den Weg zu den ändern zwei Hühnerhäusern.

Aber als er zum Erdhäuschen kam, war nur ein Erdhaufen zu sehen und vom roten Hühnchen keine Spur.

Als das weiße Hühnchen zum Strohhäuschen kam, lag das Stroh auf dem Boden zertreten und vom schwarzen Hühnchen war nichts zu sehen.

Da setzte sich das weiße Hühnchen nieder und weinte bitterlich um die anderen Hühnchen. Plötzlich kam jemand gelaufen. Das Hühnchen blickte auf – und gackerte voll Freude. Es war seine Mutter. Sie hatte die Hühnchen gesucht. Nun gingen sie miteinander heim in den Hühnerhof. Dort ist das weiße Hühnchen groß geworden und legte viele Eier.

Französisches Volksmärchen

Robin-Rotbrust

Es war einmal ein Rotkehlchen, das wohnte in einem Heckenrosenstrauch und konnte schön singen. Als es wieder einmal ein Lied schmetterte, lobte die Amsel es und sagte:

„Robin-Rotbrust, du solltest vor dem König und der Königin singen. Sie sollten hören, was du kannst."

Das Rotkehlchen machte sich auf zum Königsschloss. Auf dem Weg traf es eine Katze, die tat sehr freundlich und fragte:

„Wohin, Klein Robin-Rotbrust so früh am Morgen?"

„Ins Schloss! Ich will dem König und der Königin vorsingen."

„Lass dir Zeit! Komm näher! Ich zeige dir meinen schönen weißen Ring um den Hals."

Aber das Vögelchen traute der Katze nicht, zwitscherte und flog weiter. Es kam zu einer Wiese, dort saß ein Dorntöter auf dem Busch, vielleicht war's eine Gabelweihe. Sie fragte:

„Wohin, Klein Robin?"

„Ins Schloss! Ich singe dem König ein Lied."

„Komm doch näher! Schau dir meine schönen Flügelfedern an", lockte der böse Vogel.

„Damit du mich aufspießen kannst", rief das Rotkehlchen und flog hoch in die Luft.

Nach einer Weile kam es in einen Wald. Dort begegnete ihm der Fuchs. „Wohin, Klein Robin-Rotbrüstchen?" fragte er.

„Ins Schloss! Ich singe dem König ein Lied."

„Komm doch her, ich zeige dir meine weiße Weste."

„Was nicht gar", pfiff das Vögelchen und flog weiter.

Zuletzt kam es zu einem Bach. Dort lauerte der Vogelsteller und sagte: „Wohin, Klein Robin?"

„Ins Schloss! Ich singe dem König ein Lied."

„Komm näher! Lass deine Stimme hören! Ich gebe dir Kuchen!"

Aber das Rotkehlchen ließ sich nicht verlocken und flog weiter. Endlich langte es beim Schloss an. Es setzte sich aufs Fenstersims und fing an lieblich zu singen. Der König und die Königin kamen und lauschten. Sie waren entzückt von dem Lied. Immer mehr Menschen hörten Klein Robin singen und hörten ihm zu.

Als das Vögelchen sein Lied beendet hatte, putzte es den Schnabel, blickte den König und die Königin treuherzig an, als wollte es sagen: „Nun, hat euch mein Gesang gefallen?"

„Wir müssen Klein Robin belohnen", sagte die Königin. „Wir haben doch vor kurzem ein junges Rotkehlchenweibchen vom Gärtner bekommen, das verletzt war. Nun habe ich das Füßchen geheilt. Das schenken wir Robin-Rotbrust für sein Lied."

Die Königin ließ den Käfig bringen, öffnete ihn, und das Vöglein flog heraus. Robin-Rotbrust schmetterte jubelnd ein Lied, dann flogen sie beide hoch in die Luft, über das Schloss und zum Heckenrosenstrauch. Dort feierten sie Hochzeit und lebten glücklich.

Schottisches Volksmärchen

Ein Geschichtchen

Das Käuzchen flog – der lustige Wicht.
Hui, wie es flog –
es flog, bis es sich setzte,
dann wippte es mit dem Schwänzchen
und blickte nach allen vier Seiten.
Dann flog es wieder weiter.
So flog es, bis es sich setzte
und mit dem Schwänzchen wippte,
nach allen vier Seiten blickte …
 … Dieses Geschichtchen geht nur voran.
Ein Kranich und eine Ente lebten an einem Teich. Der eine am oberen Ende, der andere am unteren Ende. Nur wenn sie ins Wasser gingen, sahen sie einander.

Dachte der Kranich: Ich will die Ente heiraten. Allein finde ich es langweilig. Also ging er zum Haus der Ente, klopfte an die Tür und fragte: „Ist die Ente zu Hause?"

„Ja, ich bin zu Hause."

„Ente, willst du mich heiraten?"

„Nein, Kranich. Du hast lange Beine und kurze Kleider, du fliegst schlecht. Geh fort, Langbein."

Der Kranich ging traurig nach Hause. Inzwischen hatte die Ente sichs anders überlegt. Sie watschelte den weiten Weg zum Haus des Kranichs, klopfte an die Tür und fragte:

„Ist der Kranich zu Hause?"

„Ja, ich bin zu Hause."

„Kranich, willst du mich heiraten?"

„Nein, Ente, ich heirate nicht. Geh nur fort, Kurzbein!"
Die Ente schwamm zu ihrem Haus.

Am andern Tag aber kam der Kranich und wollte heiraten.

„Ente, bist du zu Hause?"

„Ja, ich bin zu Hause."

„Ente, ich will dich doch heiraten."

„Nein, Kranich, nun will ich nicht", sagte die Ente. Da kehrte er nach Hause zurück.

Wie er fort war, dachte die Ente: Warum habe ich nicht ja gesagt? Allein ist es langweilig, lieber heirate ich den Kranich. Sogleich machte sie sich auf den Weg zum Kranich.

„Kranich, bist du zu Hause?"

„Ja, ich bin zu Hause."

„Kranich, ich will dich heiraten."

„Ich will dich nicht haben."

Und so gehen sie bis heute, einer zum andern und wollen einander freien, aber geheiratet haben sie nicht.

Russisches Volksmärchen

Das hohe Schloss

Hinter dem Haus der alten Baba lag ein Rahmtopf. Er hatte keine Henkel und war schwarz vom Ofen.

Aber das sah die Fliege Brummerin nicht. Sie flog rundum und surrte: „Das ist ein hohes Schloss, darin will ich wohnen." Sie flog in den Topf.

„Nun kam die Mücke Summserin, klopfte an den Topf und summte:

„Wer wohnt in dem hohen Schloss?"
„Ich, die Fliege Brummerin. Doch wer bist du?"
„Die Mücke Summserin! Lass mich ein!"
„Komm herein!"

Bald hüpfte ein Eichhörnchen vom Baum herunter, klopfte an den Topf und fragte:

„Wer wohnt in dem hohen Schloss?"
„Ich, die Fliege Brummerin,
die Mücke Summserin. Doch wer bist du?"
fragte die Fliege.
„Ich bin Eichhorn Husch auf den Baum. Lass mich ein!"
„Komm herein!"

Nun wohnten sie zu dritt in dem Topf.

Da kam ein Häschen gehoppelt, klopfte an den Topf und fragte:

„Wer wohnt in dem hohen Schloss?"
„Ich, die Fliege Brummerin,
die Mücke Summserin,

Eichhorn Husch auf den Baum.
Doch wer bist du?"
fragte die Fliege.
„Bin das Häschen Spring über'n Zaun. Lass mich ein!"
„Komm herein!"

Nun hatte aber auch der Fuchs den Topf gesehen, klopfte an und bellte:
„Wer wohnt in dem hohen Schloss?"
„Ich, die Fliege Brummerin,
die Mücke Summserin,
Eichhorn Husch auf den Baum,
Häschen Spring über'n Zaun.
Doch wer bist du?"
fragte die Fliege.
„Ich bin der Fuchs Gänsetod. Lass mich ein!"
„Komm herein!"

Fünf waren nun im Topf. Da kam ein Hund des Weges, klopfte an den Topf und fragte:
„Wer wohnt in dem hohen Schloss?"
„Ich, die Fliege Brummerin,
die Mücke Summserin,
Eichhorn Husch auf den Baum,
Häschen Spring über'n Zaun,
der Fuchs Gänsetod. Doch wer bist du?"
fragte die Fliege.
„Ich bin der Hund Wau-wau. Lass mich ein!"
„Komm herein!"

Da waren sie ihrer sechs im Topf.

Nach einer Weile sah ein Wolf das hohe Schloss, klopfte an und fragte:
„Wer wohnt in dem hohen Schloss?"
„Ich, die Fliege Brummerin,

      die Mücke Summserin,
      Eichhorn Husch auf den Baum,
      Häschen Spring über'n Zaun,
      der Fuchs Gänsetod,
      und der Hund Wau-wau. Doch wer bist du?"
fragte die Fliege.
      „Ich bin der Wolf Immerschlau. Lass mich ein!"
      „Komm herein!"
Aber nun kam der Bär, klopfte an den Topf und brummte:
      „Wer wohnt in dem hohen Schloss?"
      „Ich, die Fliege Brummerin,
      die Mücke Summserin,
      Eichhorn Husch auf den Baum,
      Häschen Spring über'n Zaun,
      der Fuchs Gänsetod,
      Hund Wau-wau
      und Wolf Immerschlau. Doch wer bist du?"
fragte die Fliege.
      „Ich bin der Bär mit den dicken Pratzen" –
und zerbrach den Topf mit seinen Tatzen.
   Aber – hui! – sprangen und flogen die sieben Bewohner
dem Bären auf und davon:
      Der Wolf Immerschlau,
      der Hund Wau-wau,
      der Fuchs Gänsetod,
      Häschen Spring über'n Zaun,
      Eichhorn Husch auf den Baum,
      die Mücke Summserin und
      die Fliege Brummerin.
Dann waren sie im Wald verschwunden, und der Bär hatte
das Nachsehen.

                              Russisches Volksmärchen
                              (nach: 5 in einem Handschuh)

Das schöne Kathrinchen und Pif Paf Poltrie

„Guten Tag, Vater Hollenthe."
„Guten Tag, Pif Paf Poltrie."
„Kann ich das Kathrinchen heiraten?"
„O ja, wenn die Mutter Malcho, der Bruder Hohenstolz, die Schwester Käsetraut und das schöne Kathrinchen wollen, dann kann es sein."
„Wo ist denn Mutter Malcho?"
„Sie ist im Stall und melkt die Kuh."
„Guten Tag, Pif Paf Poltrie."
„Kann ich das Kathrinchen heiraten?"
„O ja, wenn der Vater Hollenthe, der Bruder Hohenstolz, die Schwester Käsetraut und das schöne Kathrinchen wollen, dann kann es sein."
„Wo ist denn der Bruder Hohenstolz?"
„Er ist in der Kammer und hackt das Holz."
„Guten Tag, Bruder Hohenstolz."
„Guten Tag, Pif Paf Poltrie."
„Kann ich das Kathrinchen heiraten?"
„O ja, wenn der Vater Hollenthe, die Mutter Malcho, die Schwester Käsetraut und das schöne Kathrinchen wollen, dann kann es sein."
„Wo ist denn die Schwester Käsetraut?"
„Sie ist im Garten und schneidet das Kraut."

„Guten Tag, Schwester Käsetraut."
„Guten Tag, Pif Paf Poltrie."
„Kann ich das Kathrinchen heiraten?"
„O ja, wenn der Vater Hollenthe, die Mutter Malcho, der Bruder Hohenstolz und das schöne Kathrinchen wollen, dann kann es sein."
„Wo ist denn das schöne Kathrinchen?"
„Sie ist im Haus und zählt das Heiratsgeld aus."
„Guten Tag, schönes Kathrinchen."
„Guten Tag, Pif Paf Poltrie."
„Willst du mein lieber Schatz sein?"
„O ja, wenn der Vater Hollenthe, die Mutter Malcho, der Bruder Hohenstolz und die Schwester Käsetraut wollen, dann kann es sein."
„Schönes Kathrinchen, wieviel Geld hast du im Brautschatz?"

„Vierzehn Groschen,
drei halbe Groschen Schulden,
ein paar Hutzeln,
eine Handvoll Prutzeln,
eine Handvoll Wurzeln.

Ist das nicht ein guter Brautschatz?"
„Pif Paf Poltrie, was kannst du für ein Handwerk? Bist du ein Schneider?"
„Noch viel besser."
„Bist du ein Schuster?"
„Noch viel besser."
„Bist du ein Bauer?"
„Noch viel besser."
„Bist du ein Tischler?"
„Noch viel besser."
„Ein Schmied?"
„Noch viel besser."

„Ein Müller?"
„Noch viel besser."
„Bist du vielleicht ein Besenbinder?"
„Ja, das bin ich: Sag, ist das nicht ein schönes Handwerk?"

Norddeutsches Volksmärchen
(aus dem Plattdeutschen)

Vom Schweinchen,
das nicht über den Zaun sprang

Ein Mann ging auf den Markt und kaufte ein Schweinchen. Er band es an einen Strick und trieb es vor sich her, dem Dorfe zu. Als sie zu einem Gatterzaun kamen, stieg er darüber und rief: „Schweinchen, spring über den Zaun!" Aber das Schweinchen traute sich nicht und blieb stehen.

„Spring, Schweinchen, spring", sagte der Mann. Das Schweinchen sprang nicht und blieb stehen.

Kam ein Hund daher. Der Mann sagte:
„Hund Wauwau, zwick das Schwein ins Bein!"
Wauwau aber zwickte das Schweinchen nicht, und es sprang nicht über den Zaun.

Kam ein dicker Stock gewackelt. Der Mann rief:
„Dicker Stock, schlag den Hund,
dass er zwickt das Schwein in das Bein!"
Der dicke Stock aber schlug den Hund nicht, der Hund zwickte das Schweinchen nicht, und es sprang nicht über den Zaun.

Nun kam das Feuer Zisch-zisch-zisch. Der Mann sagte:
„Feuer Zisch-zisch-zisch,
verbrenn den dicken Stock,
er schlägt nicht den Hund,
der Hund zwickt nicht das Schwein ins Bein."
„Sssst ..." flackerte das Feuer, huschte zum Stock, aber es verbrannte ihn nicht. Der Stock schlug den Hund nicht, der Hund biss das Schweinchen nicht, und es sprang und sprang nicht über den Zaun.

Kam das Wasser Plitsch-platsch gelaufen. Der Mann rief:
„Wasser Plitsch-platsch,
lösche das Feuer, es verbrennt nicht den Stock,
der Stock schlägt nicht den Hund,
der Hund beißt nicht das Schwein ins Bein."
Das Wasser plätscherte zum Feuer, löschte es aber nicht aus. Das Feuer verbrannte nicht den Stock, der Stock schlug nicht den Hund, der Hund biss nicht das Schwein, und es sprang nicht über den Zaun.
Kam die Kuh Muh-muh daher. Der Mann sagte:
„Kuh Muh-muh, trink das Wasser,
das Wasser löscht nicht das Feuer,
das Feuer verbrennt nicht den Stock,
der Stock schlägt nicht den Hund,
der Hund beißt nicht das Schwein ins Bein."
Aber die Kuh trank das Wasser nicht, das Wasser löschte das Feuer nicht, das Feuer verbrannte den Stock nicht, der Stock schlug den Hund nicht, der Hund zwickte das Schweinchen nicht ... Das aber wollte nicht über den Zaun springen.
Sauste ein dicker Strick heran. Der Mann schrie:
„Strick, Strick, bind die Kuh an,
sie trinkt nicht das Wasser,
das Wasser löscht nicht das Feuer,
das Feuer verbrennt nicht den Stock,
der Stock schlägt nicht den Hund,
der Hund beißt nicht das Schwein ins Bein."
Aber der Strick band die Kuh nicht an, die Kuh trank das Wasser nicht, das Wasser löschte das Feuer nicht, das Feuer verbrannte den Stock nicht, der Stock schlug den Hund nicht, der Hund biss das Schwein nicht. Das aber sprang nicht über den Zaun.

Kam ein Mäuslein aus dem Loch hervor. Der Mann sagte:
„Maus, Maus, zernage den Strick,
er bindet die Kuh nicht an,
sie trinkt das Wasser nicht,
das Wasser löscht das Feuer nicht,
das Feuer verbrennt den Stock nicht,
der Stock schlägt den Hund nicht,
der Hund beißt das Schweinchen nicht."
Die Maus zernagt den Strick nicht, der Strick bindet die Kuh nicht, die Kuh trinkt das Wasser nicht, das Wasser löscht das Feuer nicht, das Feuer verbrennt den Stock nicht, der Stock schlägt den Hund nicht, der Hund beißt das Schwein nicht ins Bein. Und das sprang immer noch nicht über den Zaun.
Aber nun sprang die Katze herbei. Der Mann rief:
„Katze Miau fang die Maus,
die Maus zernagt den Strick nicht,
der Strick bindet die Kuh nicht,
die Kuh trinkt das Wasser nicht,
das Wasser löscht das Feuer nicht,
das Feuer verbrennt den Stock nicht,
der Stock schlägt den Hund nicht,
der Hund beißt das Schwein nicht ins Bein."
Da huschte die Katze zur Maus,
diese aber lief in ihr Haus
und lachte – haha – die Katze aus.
Die Katze machte ein dummes Gesicht,
der Strick sagte: „So fängt man Mäuse nicht!"
Die Kuh machte Muh-muh,
Wasser und Feuer zischten dazu.
Der Stock klopfte dem Hund
sachte auf den Mund,

der Hund zwickte das Schwein
ein bisschen ins Bein.
Da sprang das Schweinchen keck,
plötzlich über den Zaun hinweg.
Der Mann brachte das Schweinchen nach Haus
und damit ist die Geschichte aus.

Englisches Volksmärchen